AF573542

CONSIDÉRATIONS

GÉNÉRALES

SUR LA DISTRIBUTION

DES EAUX PUBLIQUES

DE LA VILLE DE DOLE.

CONSIDÉRATIONS
GÉNÉRALES

SUR LA DISTRIBUTION

DES EAUX PUBLIQUES

DE LA VILLE DE DOLE,

PAR CH. LOMBARD,

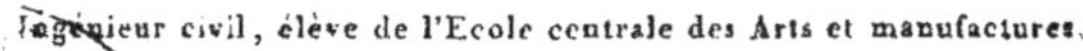
Ingénieur civil, élève de l'Ecole centrale des Arts et manufactures.

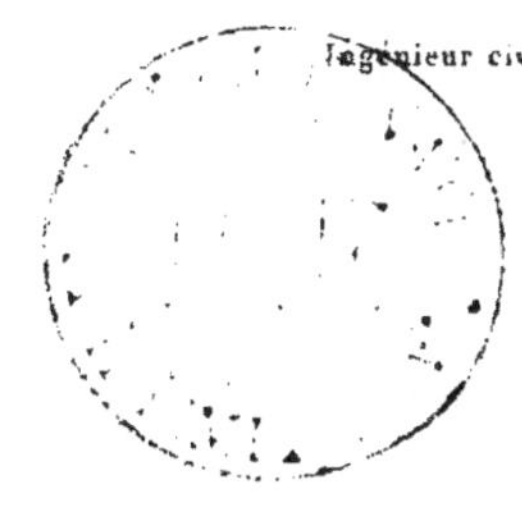

DOLE,
IMPRIMERIE DE L.-A. PILLOT.

—

1850.
1851

CONSIDÉRATIONS
GÉNÉRALES
SUR LA DISTRIBUTION
DES EAUX PUBLIQUES
DE LA VILLE DE DOLE.

Le 4 mars 1834, la ville de Dole a arrêté avec M. Cordier, constructeur de machines à Béziers, les conditions d'établissement d'un vaste système de distribution d'eau. Le projet a été exécuté, et les fontaines sont en fonction depuis cette époque.

Les résultats ont paru d'abord satisfaisants, et les machines ont été reçues selon les termes du contrat passé avec l'entrepreneur. Plus tard quelques plaintes s'étant élevées, soit sur la quantité d'eau fournie, soit sur la fréquente interruption du service, le Conseil municipal a nommé des commissions prises dans son sein pour lui dresser un rapport analytique sur cet objet. Ces recherches étaient évidemnent du domaine de l'ingénieur, aussi la bonne volonté des membres du Conseil, peu familiers avec les considérations abstraites de la science, a-t-elle toujours échoué dans les difficultés de ce travail.

L'eau est l'élément le plus indispensable aux besoins d'une population : elle fait partie intégrante de son bien-être. L'expérience a prouvé que la durée moyenne de la vie augmente d'une manière remarquable dans les cités pourvues d'une quantité d'eau abondante.

Le Conseil municipal a donc rempli le plus important des devoirs de son institution, en procurant cet avantage à ses commettants.

Un économiste anglais, Lord Brougham, a démontré qu'à Londres la prospérité s'est notablement accrue depuis l'établissement de grandes distributions artificielles d'eau. M. Emmery, ingénieur en chef des eaux de Paris, dit, dans un rapport adressé au Conseil municipal le 5 mars 1833 : « Nous « regardons la suppression d'une borne-fontaine comme une « calamité réelle, comme la cause d'un véritable accrois- « sement de mortalité pour la classe malheureuse. » Le fréquent usage d'eau que peut faire une cité, donne à ses habitants des habitudes de propreté d'une influence incontestable sur la moralité, le bien-être et la santé publique.

Le transport de l'eau puisée à une grande distance oblige les classes ouvrières à perdre l'élément le plus précieux de leur fortune, le temps ; ainsi on a calculé qu'à Lyon le mode actuel de transport de l'eau rigoureusement nécessaire à la population, entraînerait une perte de travail utile évaluée à un million par année.

Servir l'administration et aider son zèle dans l'accomplissement d'une noble tâche, c'est faire acte de civisme ; dans ce but, nous avons essayé l'étude approfondie d'une question qui la préoccupe depuis longtemps. Nous nous estimerons heureux si cet emploi de notre temps doit être de quelque profit à nos concitoyens.

Nous ferons une analyse aussi complète que le permettront les renseignements dont nous nous sommes entourés, des machines et appareils de distribution.

Nous insisterons sur les vices du mode de concession, aussi nuisible aux intérêts de la ville que préjudiciable aux consommateurs ordinaires; enfin nous examinerons en détail les améliorations possibles.

L'histoire de l'établissement des fontaines contenant une description détaillée des travaux avec indication de leur dimension, leur mode d'exécution, les difficultés surmontées, devrait être consignée aux archives de la ville; ce serait un monument intéressant et précieux sous le rapport de l'art. Nous n'avons pas trouvé trace de ces documents au dossier de ce grand ouvrage (*).

La ville, en 1791, a autorisé un sieur Vermillet à établir un moulin à blé, qui porte aujourd'hui le nom de Moulin-Neuf; la condition de ne prendre que 4 m. 80 c. d'eau à la seconde, et de laisser à la machine des eaux publiques la quantité compatible avec les besoins de la navigation, lui fut imposée plus tard.

Une machine hydraulique a été construite à cette époque, puis démolie vers 1819, sans qu'il reste trace de sa disposition. Nous savons seulement que la roue motrice était à aubes planes et d'un assez mauvais *effet utile*.

Les expériences se multipliant, la théorie avançant, la

(*) En 1760, un sieur Maders Pachez a fait construire une première machine qui a existé jusqu'en 1791. A cette époque, MM. Daloz, Derriey et Jantet l'améliorèrent. En 1819, M. Mayet, mécanicien à Dole, perfectionna le système; la machine a travaillé jusqu'en 1834 sous sa direction.

perfection des moteurs s'est accrue en raison des recherches.

Des pompes à simple effet, au nombre de trois, étaient mues par un arbre à cames épicycloïdales, dont la projection verticale des sommets se trouvait sur un triangle équilatéral. Cet appareil grossier absorbait en chocs une partie de la puissance vive de la roue. Les réparations étaient fréquentes, et le produit, tout-à-fait insuffisant, réparti seulement sur sept fontaines. La description de la machine et ses résultats sont indifférents à notre objet ; nous n'en parlons que pour mémoire.

En 1834, la ville entra en relations avec M. Cordier, constructeur à Béziers; la réputation justement méritée de ce mécanicien, ses antécédents, et surtout ses travaux de distribution d'eau de Béziers et de Chaumont, engagèrent le Conseil à traiter avec lui. Nous ne connaissons pas personnellement M. Cordier, mais nous avons sous les yeux un rapport d'expertise sur l'approvisionnement d'eau de Béziers qui est tout en sa faveur.

Cette ville est alimentée par les eaux de la rivière d'Orb, et l'élévation est faite au moyen *de deux machines à vapeur*. De la description de ce travail et du plan des lieux, nous pouvons conclure que les conditions de cette œuvre sont essentiellement différentes de celles de Dole.

Le conduit ascensionnel dégorge ses eaux dans une cuvette en cuivre placée au sommet d'un pilastre; le haut est légèrement plus élevé que le niveau du château-d'eau construit à 68 m. 50 c. plus loin. Ce récipient se trouve situé entre la ville et la machine, et c'est de ce point que partent les tuyaux alimentaires pour porter leurs produits respectifs aux diverses destinations. Le niveau doit rester constant dans le réservoir, et c'est aux fonctions de celui-ci, coordonnées avec celles des machines, qu'est dû en partie le succès de ce travail.

Nous entrons dans ces détails, afin de mieux faire apprécier les parties semblables des conduites de la ville de Dole.

M. Cordier s'est engagé, à ses risques et périls, à élever 30 pouces (*) d'eau par heure à 40 mètres; la ville devait payer tous les ouvrages après leur réception. Elle avait parfaitement sauvegardé ses intérêts en imposant à l'entrepreneur la condition de reprendre ses machines et appareils, et de rétablir les lieux dans leur état primitif si ses engagements n'étaient pas remplis.

Les travaux ont été reçus par experts, M. Cordier a conservé une garantie de 15 ans sur son mécanisme, et s'est chargé de toutes les réparations, la ville ne fournissant que 900 francs par an pour cet objet.

La roue était du système Poncelet, en fonte et en fer.

Le tuyau principal a 0,11 de diamètre.

Vient ensuite dans le marché la description de la fontaine Napoléon et la position des bornes-fontaines. Le nombre de ces dernières a été augmenté, et les plans primitifs ayant été aussi modifiés, nous passerons sur cette partie du traité, l'analyse des faits aura plus d'intérêt que les intentions du projet.

Dans la deuxième partie, il est dit en substance : qu'on emploiera la roue Poncelet, « l'effet de ce moteur équiva« lant à celui des meilleures roues en dessus; » que sa roue aura une grande vîtesse, propriété précieuse, dit encore M. Cordier, pour le cas de la machine de Dole, parce que le nombre des tours du moteur, dans l'unité de temps, s'accordera avec le système de mécanisme proposé.

(*) Pour tout ce qui tient aux fontaines publiques, au lieu d'exprimer les dépenses et les volumes d'eau en mètres cubes, on compte en pouces d'eau. Cette unité correspond à 19 m. 1953 écoulés par vingt-quatre heures.

Force motrice.

Chûte totale.	2 00
Largeur de la vanne.	1 30
Hauteur d'eau sur le seuil.	1 60
Ouverture verticale de vanne. . . .	0 20
Hauteur de l'eau au-dessus du centre. .	
De l'orifice.	1 50
Vîtesse due à H.	5 40
Coëfficient de contraction.	0 65

On ne compte que sur 0,55 d'*effet utile* et sur 1,60 de chûte pour ne pas engorger la roue. En prenant 0,54 de la vîtesse absolue de l'eau pour celle de la roue, M. Cordier trouve le d[ire] = 3,60, et le nombre de tours n = 15,50.

Le constructeur ne compte que sur 30,000 litres pour en obtenir 24,000 à l'heure, à cause des pertes de toute nature, et il calcule sur ce chiffre les dimensions de son appareil. D'après lui, la force absorbée par les frottements de la machine doit être le tiers de l'effet à produire.

« L'effet opposé par les résistances passives pour faire par-
« courir à l'eau une longueur de 650 mètres (*) dans une
« conduite d'un diamètre de 0,11, avec une vîtesse de
« 0,877 par seconde (par 1″), est équivalente à une charge
« de 0,70, que nous porterons à 10 m, à cause des coudes
« formés par la conduite et des variations de la vîtesse pro-
« duites par le piston et les fonctions de la pompe à double
« effet, soit donc 8,33 litres à élever à 10 m 00 de hau-
« teur, ou 8,33 × 10 . . . . . 83 33
« Total de la résistance. . . . 527 59

« La puissance de la roue hydraulique étant.		755 00
« Et la somme des résistances.		527 59
« L'excès est encore de. . . .		227 41

(*) Ce nombre n'est pas exact.

« La pompe sera semblable à celle de Béziers et de Chau-
« mont ; la course du piston sera de 0,50 et son diamètre
« de 0,206, sa surface deviendra égale à 0,03365. »

Des délibérations postérieures du Conseil ont modifié quelques-unes de ces dispositions ; le marché précité n'a pas été exécuté selon la lettre du texte.

M. Cordier, d'accord avec le Conseil et dans les louables intentions de ménager les ressources municipales, a changé l'arrangement primitif de son projet ; l'intérêt public aurait dû se concilier avec cette économie.

Nous allons discuter sommairement le contrat intervenu entre la ville et son mécanicien, nous commenterons quelques-unes des données de ce dernier pour en tirer des inductions théoriques, et fournir des renseignements pratiques utiles à l'édilité.

La roue établie par les soins de M. Cordier a été endommagée dans plusieurs circonstances, et enfin complètement détruite par un accident plus grave que les précédents.

Si nous avions vu la machine dans son état primitif, ou si nous avions pu nous en procurer une description détaillée, nous aurions probablement indiqué les causes des fréquents dérangements dont on garde le souvenir, et, prononçant sur les éléments plus ou moins exacts qui nous ont été fournis, nous serions autorisé à dire que les dilatations paraissent ne pas avoir été convenablement ménagées. Les bras, les aubes et les tourteaux étaient en fonte ; dans ces circonstances, les mouvements de la dilatation se faisant sur des corps homogènes, et ne jouissant pas d'une élasticité suffisante pour céder sans déformation aux tiraillements des températures variables, ont préparé une dislocation inévitable.

La vitesse à la circonférence moyenne de la roue devant

être 0,50 ou 0,55 de celle de l'eau à la sortie de la vanne, est considérable. Quand le moteur était entièrement en fer et en fonte, il devait avoir un grand poids vers sa périphérie et accumuler une somme de puissance vive qui remplaçait l'effet d'un volant, organe indispensable dans les transmissions de mouvement avec manivelle.

Nous passons sur les calculs mentionnés au marché, c'est une application des règles rudimendaires de l'hydraulique.

L'intention de M. Cordier a été méconnue dans la reconstruction de la roue en bois qui remplace la sienne. Cette machine a été établie sans principes et sans art; elle heurte la plupart des règles les plus simples de la science : grande dépense d'eau pour un faible résultat utile, réparations fréquentes, engorgement facile, tel est le triste privilège d'une machine qui subordonne à ses inconvénients et dans ses premiers besoins une population de 10,000 habitants. Ce moteur, entièrement en bois, substitué sans addition à la roue primitive, ne la remplace pas; à chaque *point mort* de la manivelle le mouvement se ralentit brusquement, et l'effort de l'eau contre les aubes s'accroît, le travail change deux fois à chaque tour, l'*effet utile* diminue, et la disjonction des assemblages ou les frais d'entretien et de chômage augmentent sans compensation.

Nous avons calculé la charge nécessaire pour faire parcourir à l'eau les 650 mètres de conduite qu'elle doit traverser avant d'arriver au château-d'eau.

La principale résistance est celle que les parois des tuyaux opposent au mouvement; viennent ensuite les coudes.

L'eau, dans notre hypothèse, se rendant directement au réservoir, nous n'avons à nous occuper ni du changement de direction dans le mouvement quand elle quitte la conduite principale pour prendre les branchements, ni des perturbations occasionnées par les érogations intermittentes.

En appelant H la perte due aux deux premières causes ;
D le diamètre de la conduite $=$ 0,11
Q le volume à débiter à la seconde $=$ 0,00833.

$$H = 0,08264 \frac{Q^2}{D^4} + 0,00222 \frac{L}{D^5} (Q^2 + 0,045\ Q\ D^2).$$

Ou H $=$ 6,63, soit 6,70 comme l'indique le mémoire.

M. Cordier a pris 10 à cause des coudes et des variations de la vîtesse du piston; avec le rayon de courbure des coudes, nous établirions facilement leur résistance ; on sait qu'elle est proportionnelle au carré de la vîtesse du fluide, au nombre des angles de réflexion et au carré de leur sinus. Mais ce renseignement nous manque, il est d'ailleurs peu intéressant.

Le cylindre à air comprimé régularise l'émission en obviant aux variations périodiques du piston de la pompe.

L'effet des coudes est peu important, et certainement moindre que la différence de 6,70 à 10 ; mais le constructeur a prudemment agi en se tenant en garde contre les mécomptes.

Les ingénieurs des eaux de Paris diminuent aussi d'un tiers le coëfficient numérique des formules de la dépense ; aujourd'hui, d'après plusieurs observations pratiquées surtout sur les fontaines de Toulouse, ce nombre est reporté d'un tiers à un demi. En effet, les bavures des tuyaux, les saillies dans les raccords, les étranglements dûs à l'air accumulé aux parties culminantes des sinuosités, les dépôts de vase dans les parties basses, et enfin la production de tubercules ferrugineux dans les tuyaux de fonte, sont autant de causes de perte de charge active ; il est donc prudent, dans l'impossibilité d'une détermination rigoureuse des effets précédents, de s'abriter contre les chances d'erreur en adoptant des nombres *maxima*.

Cette observation n'aurait d'importance que si la puissance était à ménager selon les rigoureuses prescriptions de la mécanique, comme s'il s'agissait d'une machine à vapeur ou d'une roue hydraulique alimentée par un bief à dépense restreinte; mais à Dole, l'eau motrice disponible est considérable, et un excès de force s'acquiert par un excès de levée de vanne.

Les renseignements précédents serviront de préliminaires à notre analyse.

Le Conseil municipal, dans l'intention sans doute d'exonérer son budget du prix de la conduite directe, a décidé qu'une seule artère irait de la machine au réservoir, et que des branchements entés sur cette conduite alimenteraient les fontaines. M. Cordier s'est conformé à cette décision.

Le produit de la pompe monte dans un conduit ascensionnel sur lequel sont greffés les tuyaux secondaires; l'eau affluente, poussée par la machine, suit tous les chemins qui lui sont offerts, se répand par les bouches, et ne conduit à son sommet que l'excès de production de la machine sur la consommation. Malheureusement le débit des fontaines, ou plutôt celui des concessions sur lesquelles nous reviendrons plus tard, rend cette quantité nulle, et les fonctions du château-d'eau deviennent illusoires.

Il faut, pour alimenter cet appareil, fermer certains conduits ou mettre à sec quelques quartiers de la ville. Cependant son utilité est incontestable; il a pour but d'emmagasiner, pendant le temps d'arrêt inévitable du mécanisme, la provision de plusieurs journées; il peut servir à porter sur un seul point un grand volume d'eau pendant un sinistre d'incendie; il a encore pour objet principal de conserver à l'eau une température constante.

Le docteur du Pasquier, de Lyon, dans son traité sur les eaux de sources et les eaux de rivières, dit « que de toutes

« les questions à considérer relativement à l'emploi hygié-
« nique des eaux potables, aucune n'est plus importante que
« celle de leur température; que des eaux très bonnes, sous
« le rapport de leur composition chimique, peuvent deve-
« nir d'un usage très-nuisible par le seul degré de froid ou
« de chaleur, et que la fraîcheur de l'eau potable pendant
« l'été est une condition bien plus importante que son état
« tempéré pendant l'hiver. » Il attribue la plupart des maladies dangereuses de la saison, telles que les diarrhées, les dyssenteries, les engorgements du foie, les ictères, les gastro-entérites, et particulièrement les fièvres graves, comme les fièvres adynamiques et typhoïdes, à l'usage que le peuple et les gens de la campagne font d'eau arrivée à une température trop élevée.

Le château-d'eau a été disposé pour conserver, autant que possible, l'égalité de température; son aire en contre-bas du sol est couverte d'une voûte, et celle-ci est garantie contre les influences extérieures par une chappe en gazon. En un mot, c'est une bonne cave défendue contre les vicissitudes atmosphériques.

Il est donc fâcheux, au point de vue de l'utilité publique et sous le rapport hygiénique, de négliger le secours de ce réservoir.

Les eaux de rivières étant alternativement limpides et troubles, peuvent, en y séjournant un temps plus ou moins long, déposer les matières en suspension. Pour favoriser cet effet, un compartiment destiné au filtrage a été annexé à la construction.

La machine aspire l'eau et un certain volume d'air; si le produit ne se purge pas de ce dernier fluide en arrivant à l'état de repos dans un récipient, les bouches, et surtout celles des fontaines à jet vertical, laissent échapper des cylindres d'air intermittents avec l'eau, et qui fatiguent l'œil de leur mouvement saccadé.

La malveillance, ou plutôt cette démangeaison d'attribuer aux faits les plus simples des causes compromettantes pour la réputation ou l'amour-propre des auteurs, fait dire encore que le château-d'eau est sans emploi, parce que les murs ne résisteraient pas à la poussée; la construction a été si négligée, ajoute-t-on, que le bassin n'est pas étanché et laisse infiltrer dans les terrains voisins les eaux qu'il devrait contenir. Toutes ces insinuations sont fausses, le principal motif de l'abandon du château-d'eau ne dépend que du système de la distribution.

Les maçonneries sont bien un peu négligées; mais s'il y a quelques fuites, on peut les éviter par des rejointoiements.

Aujourd'hui, le débit des fontaines varie selon l'action de la machine, il n'y a pas de *volant*, comme on dirait en mécanique; pour régulariser son travail; il n'y a pas de magasin qui pût accumuler pendant un excès de puissance vive et rendre dans un moment mort; il faut donc, comme premier complément de la distribution, rétablir la conduite directe, sans préjudice des autres modifications que nous nous proposons de signaler plus loin.

La permanence du niveau dans le château-d'eau est une cause de régularité du service; on le comprendra facilement, en se reportant aux éléments mis en œuvre dans la détermination des pièces d'un semblable travail. Les formules d'hydraulique employées à cet usage sont consignées dans les ouvrages spéciaux, nous ne les rappellerons pas. Si nous avions un nivellement bien exact des rues de la ville, nous pourrions en tirer les calculs relatifs à tous les détails de l'ouvrage; mais ces données ne sont pas restées aux archives, malgré l'utilité des renseignements qu'elles devraient fournir à une surveillance éclairée.

Dans la rédaction d'un projet du genre de celui qui nous occupe, on connaît le volume d'eau à fournir quotidiennenement ; il est réglé à Paris à 70 litres par habitant ; à Dole, d'après le marché, il serait à peu près le même (*). A ce ren-

(*) Nous trouvons dans le Journal du Génie civil, année 1847, un tableau indiquant les quantités d'eau respectives des principales villes abreuvées, soit artificiellement, c'est-à-dire avec le secours des machines, soit naturellement, en profitant de la pente entre la source et les points à arroser.

Villes alimentées par des sources ou des dérivations de rivières.

NOMS DES VILLES.	NOMBRE DE pouces d'eau potable.	QUANTITÉ de litres par jour et par habitant.
Rome.	750	944
Dijon.	262 à 900	198 à 678
Carcassonne (rivière). .	300 moyenne	308 à 400
Gênes.	»	100 à 120
Glascow.	»	100
Londres (depuis 1829).	»	95
Narbonne (rivière). . .	300 maximum	80 à 85
Toulouse (rivière). . .	205 à 260	62 à 78
Genève.	»	74
Philadelphie.	»	60 à 70
Grenoble (sources). . .	80 moyenne	60 à 65
Vienne, Isère (sources).	40 environ	60 à 65
Montpellier (sources). .	100 environ	55 à 60
Greenock.	»	57
Clermont (sources). . .	75 moyenne	50 à 55
Edimbourg.	»	50
Le Havre (sources). . .	75 moyenne	40 à 45
Lons-le-Saunier (sour.)	20	40 à 45
Gray (rivière).	18 à 20	40 à 45
Manchester.	»	44
Angoulême (rivière). .	30 environ	35 à 40
Chaumont (rivière). . .	10 à 12	30 à 35
Liverpool (sources). . .	»	28
Metz (sources).	40 à 45	20 à 25
Saint-Etienne (rivière).	40 moyenne	20 à 25
Dole (rivière).	10 moyenne	15 à 20
Béziers (rivière). . . .	10 moyenne	12 à 44

seignement on joint le plan de la localité. L'emplacement de chaque fontaine est indiqué par la cote du nivellement ou l'abaissement de la bouche au-dessous du niveau ordinaire de l'eau dans le bassin alimentaire.

On indique les coudes, soit de l'artère magistrale, soit des branchements.

Il reste à calculer les différents diamètres pour conduire aux différents points les volumes d'eau arrêtés d'avance.

Avec ces précautions, la régularité dans le débit est assurée, la surveillance facile, le produit de chaque bouche constant, et les fraudes dans les concessions promptement reconnues. Sachant que la charge entière est égale à la somme des pertes, plus à la hauteur due à la vîtesse de sortie, on construit l'expression du mouvement, ou, plus généralement encore, on déterminera les diamètres d'une conduite et de ses branchements au moyen de l'équation de l'écoulement uniforme; il faudra en outre dans l'application tenir compte des coudes et des perturbations occasionnées par les prises d'eau ou *érogations* à la tête de chaque branchement.

On s'attachera donc à maintenir le niveau constant dans le bassin alimentaire, et à faire dresser le plan coté dont il est parlé ci-dessus. La permanence de l'écoulement et le réglement exact des concessions ne seront obtenus qu'à cette condition. Nous nous réservons d'en faire ressortir plus loin toute l'utilité.

$R\,I = A\,U + B\,U^2$ étant la relation entre la vîtesse, la pente et la section.

$$R = \frac{\omega}{\chi}.$$

$\omega =$ surface de la section; $\chi =$ son périmètre.

Le tuyau étant cylindrique, on a :

(A) $\frac{1}{4}\,D\,J = A\,U + B\,U^2$.

$A = 0{,}0000222$. $B = 0{,}000280$ (expériences d'Eytelwein).

Nous ne rappellerons pas les raisons qui font compter sur un débit de la moitié plus grand, ou une vîtesse d'écoulement de la même quantité plus faible.

Les coëfficients précédents deviendront :

$$A = 0,0000111.$$
$$B = 0,0000070.$$

Q étant la dépense, on a V en fonction de Q par $V = \frac{4Q}{\pi D^2}$
D id. diamètre inconnu de la conduite.

Substituant dans l'équation (A) il vient :

$$\frac{1}{4} D J = \frac{4Q}{\pi D^2} (0,000011 + 0,000070 \frac{4Q}{\pi D^2}).$$

Quand au lieu d'avoir une conduite unique, il y a plusieurs ramifications d'une grosse conduite, on peut négliger le terme en A.

On a alors :

$$V = \sqrt{\frac{1}{4B} D J}.$$

J est la différence du niveau entre le point d'arrivée et le point de sortie divisé par la longueur de la conduite.

$$\text{Soit } \sqrt{\frac{1}{4} B} = C'.$$
$$V = C' \sqrt{D J} = C' \frac{4Q}{\pi D^2}$$
$$Q = \frac{C' \pi}{4} \sqrt{J D^5}$$

Telle est la relation qui s'établit entre le volume, le diamètre et la pente.

Le niveau du bassin reste constant.

$$\frac{C' \pi}{4} = C.$$

La hauteur due à la vîtesse de l'eau en un point quelconque d'une conduite, est la différence entre la charge effective ou la charge proprement dite, et la pression sur ce point.

Soit H la hauteur piézométrique à l'origine du premier branchement.

$$(2) \quad Q = C \sqrt{\frac{Z - H'}{L} D^5}$$

Z charge effective.

L longueur jusqu'à la prise d'eau du premier branchement.

Q' étant la dépense assignée à cette artère.

l' sa longueur.

ς' la hauteur due piézomètre au bout du branchement.

$$(3) \quad Q' = C \sqrt{\frac{H' - \varsigma'}{l'} D'^5}$$

Dans la seconde partie de la conduite principale.

$$(4) \quad Q_{,} = C \sqrt{\frac{H' + Z' - H'}{L'} D^5 L'}$$

Q'' pour un autre branchement en contre-bas du précédent sera

$$Q'' = C \sqrt{\frac{H'' - \varsigma''}{l''} D''^5} \text{ etc.}$$

Le diamètre des tuyaux sera donné par la combinaison des relations précédentes en dégageant les inconnues auxiliaires.

De (2), (3) et (4), etc., on tire

(A') $Q^2 L = C^2 (Z - H') D^5$.

(B) $Q'^2 L' = C^2 (H' - Z') D'^5$.

D est donné par l'équation.

$\text{Log } D = 2 \log Q + \log L - 2 \log C + (\log Z - H')$.

$$Q^2 L' = C^2 (H' + Z' - H'') D^5.$$

(A') et (B) donnent

$$\frac{Q^2 L}{C^2 D^5} + \frac{Q'^2 l'}{C^2 D'^5} = Z - \varsigma'.$$

On se donne les pertes de charge.

On pourrait obtenir de même, le diamètre principal ne variant pas :

$$\frac{Q^2 L + Q_{,}^2 L'}{C^2 D^5} + \frac{Q''^2 l''}{C^2 D''^5} = Z + \varsigma' - \varsigma''.$$

$$D'^5 = \frac{Q'^2 l' D^5}{C^2 D^5 (Z - \varsigma') - Q^2 L.}$$

$$D''^5 = \frac{Q'^2 l'' D^5}{C^2 D^5 (Z + Z' - Z'') - (Q^2 L + Q_{,}^2 L').}$$

Nous ne donnerons que ces indications sommaires.

M. Mary, ingénieur en chef des eaux de Paris et professeur à l'École centrale, a fait dresser des tableaux ainsi construits :

TABLEAU.

Volumes.		Charge et vitesse produites dans les tuyaux de diamètre.						
en mètres cubes par 1''.	en pouces.	0,06 charge.	vitesse.	0,08 charge.	vitesse.	0,108 charge.	vitesse.	charge, etc.

Etc., etc., etc.

Au moyen d'une série de chiffres arrangés en tableau, selon la méthode précédente, on s'épargne le calcul des quantités renfermées dans les formules.

Dans la rédaction d'un projet, on dresse encore d'autres tableaux qui servent à harmoniser les détails. Comme nous n'avons pas à faire cette étude, mais simplement à discuter des ouvrages établis, ces renseignements seraient déplacés ici.

Nous avons essayé de démontrer qu'une conduite directe était indispensable à la régularité du service des eaux, il nous reste à déterminer les diverses conditions de son établissement.

On est parvenu à fabriquer des tuyaux en terre cuite, qui offrent pour la résistance et la durée presque les mêmes garanties que ceux de fonte; ils coûtent beaucoup moins cher, présentent moins de danger à la dilatation, et sont exempts des tubercules ferrugineux qui étranglent la section d'écoulement et changent le régime (*).

La terre est parfaitement corroyée au moyen de machines puissantes; la matière homogène et d'une grande densité, est recouverte d'une glaçure intérieure; l'écoulement est plus facile sur cette surface polie que contre les rugosités des tuyaux de fonte. A tous ces avantages il faut ajouter l'économie de 50 à 60 p. 0/0 sur des pièces de même calibre en fonte.

Notre conduite aurait 0,14 de diamètre, au lieu de 0,11; elle serait adjacente à celle qui existe jusqu'à la rue des Arènes; là, au lieu de descendre du côté de la rue du Mont-Roland, elle suivrait la rue de la Prison, passerait devant le théâtre, et irait aboutir au château-d'eau. Ce chemin serait plus court, partant plus avantageux sous tous les rapports; d'autant mieux qu'un passage voûté, pratiqué de la rue des Arènes au bout de la rue de la Prison, servirait à la loger très-convenablement.

La surveillance et les réparations seraient bien plus fa-

(*) Il y a quelques jours seulement qu'on nous a présenté d'autres tuyaux en tôle recouverts de bitume, que commencent à employer les ingénieurs des eaux de Paris. Cette invention remplace très-avantageusement la fonte, et la légère différence de prix avec les conduits en poterie nous les fera peut-être préférer à ceux-ci.

ciles dans ce passage souterrain que dans le parcours de la rue du Mont-Roland où le système est complètement enterré. Nous n'éviterons pas absolument cet inconvénient, parce que le trajet du théâtre à la maison Degait n'est pas en galerie, mais au moins nous l'affaiblirons.

La pente $\frac{H}{L}$ est à peu près de 0,0266.

La différence de niveau du puisard de la machine à la naissance de la voûte est admise à 40 m. 00.

Le débit serait arrêté à 100 litres par jour et par habitant; la vîtesse dans le tuyau deviendrait égale à 0,78.

En parlant du moteur, nous rechercherons le travail à produire pour vaincre les résistances de l'eau dans les conditions précédentes.

Pendant les crues assez fréquentes du Doubs, la roue hydraulique est arrêtée, et les fontaines tarissent. Mais, quelque temps avant et après cet accident, les eaux sont chargées de matières étrangères, elles tiennent une assez grande quantité de terre en suspension ; c'est dans cet état qu'elles arrivent aux fontaines, sinon il faudrait prolonger le chômage et attendre la clarification malgré le travail possible de la roue.

Nous pouvons éviter le temps d'arrêt et envoyer sans interruption des eaux limpides au réservoir. Ces avantages sont trop précieux pour qu'on hésite à les mettre à profit. L'inaction de la machine forçant les habitants à un changement d'habitudes, entraîne la perte d'un temps précieux; les concessionnaires, et surtout les industriels, sont obligés de subir une certaine perturbation qui dérange leur travail et leur impose des frais anormaux.

Nous parlerons plus loin avec détail du moteur proposé en remplacement de la roue actuelle; nous verrons qu'il est possible d'assurer la durée de la machine et l'économie de l'eau, de garantir la continuité des fonctions, et de procurer une puissance suffisante dans tous les cas.

L'eau de rivière, pendant l'été, a toujours un léger goût herbacé et quelquefois vaseux; la filtration, ou plutôt le contact de cette eau avec le charbon, la priverait de sa désagréable saveur. Cette opération aurait le double avantage d'enlever à l'eau les corps étrangers, et de lui donner les qualités d'une boisson saine et hygiénique.

La base de tout appareil filtrant est ordinairement le sable, le gravier et le charbon. Cependant, parmi les nombreux brevets d'invention pris sur la matière dans ces dernières années, nous voyons l'usage d'autres corps qui paraissent avoir donné des résultats satisfaisants.

A Paris, à l'établissement des pompes Notre-Dame, on a essayé avec succès le procédé d'un M. Souchon, qui emploie des résidus de laine provenant de la tonte des draps, mais ce système n'est applicable que dans les villes de fabriques.

Le grès, le coton, le chanvre, la sciure de bois, les éponges, ont été essayés avec plus ou moins de succès.

Nous avons déjà dit que le château-d'eau était divisé en deux compartiments. Le produit de la machine tombe sur un amas de graviers déposé sur l'aire du premier; deux ouvertures de 0,30 de hauteur sur 0,60 de longueur, établissent en-dessous du massif une communication avec l'autre partie; soit que les intentions du constructeur aient été méconnues, soit que ses prévisions n'aient pas été réalisées, le passage de l'eau dans ces matières n'en modifie ni la saveur ni la couleur.

Il faudrait substituer à cet ouvrage une digue composée de sable, gravier et charbon. L'une des faces de ce filtre pourrait être de 8,00 avec la charge moyenne de 1,30. Dans les lavages de minerais on épure très-bien les eaux sursaturées de matières terreuses répandues dans un volume au moins aussi considérable que le produit de la machine. Le fond resterait encore garni de petits cailloux.

Deux couches verticales de graviers mélangés avec du charbon, dans la proportion de 1 à 3 en volume, encadreront le sable, et le pied de ce solide sera à 2,50 au-dessous du niveau ordinaire. Deux chassis en madriers encastrés dans les murs, et reliés entre eux par des encadrements composés de deux montants verticaux, d'une semelle et d'un chevêtre, formeront l'encaissement de ce massif; les grandes faces auront l'apparence d'une grille à barreaux méplats. Cet ensemble sera posé sur le mur de refend arasé au niveau convenable. Les deux compartiments seront mis en communication directe dans certains cas, par la levée d'un obturateur appliqué contre les ouvertures de la séparation.

Après quelque temps de service, on lavera les matières filtrantes, en y conduisant directement l'eau de la machine au moyen d'un tuyau additionnel en toile ou en cuir, et en soulevant en même temps le mélange avec un ringard.

Quand le nettoyage sur place ne sera plus possible, on enlèvera dans quelques heures à la pelle, le sable et le gravier; un lavage à grandes eaux sur un aire en permettra le réemploi indéfini. Le charbon sera décanté et mis au rebut.

On voit avec quelle simplicité il est possible d'obtenir une eau fraîche en été, douce en hiver, et limpide dans tous les temps. Tandis qu'aujourd'hui il faut subir toutes les variations de température et les influences atmosphériques.

Le tableau indicatif de la distribution des eaux, déposé à la Mairie, porte neuf fontaines monumentales et seize bornes-fontaines, dont deux seulement à jet continu, les autres doivent être intermittentes.

La magnificence d'une grande quantité d'eau en mouvement cascadé, donne de l'élégance et ajoute aux décorations des places où on la trouve.

Les neuf fontaines de la première série jouissent d'un titre un peu prétentieux; nous pouvons cependant excepter la fontaine de la place Napoléon; encore la langue de l'art distingue-t-elle dans un monument le corps et l'ame; le premier nom appartient à la forme matérielle, le second au but qu'on s'est proposé, et surtout à l'impression qui en résulte. Pour cette dernière fontaine, le corps se présente assez majestueusement, mais l'effet est à peu près nul puisqu'elle ne fonctionne que pendant un très petit nombre de jours dans l'année, au grand préjudice des autres bouches.

Les autres, telles que la fontaine de la Grande Place, celle de la Sous-Préfecture, celle dite Ratez, du Mont-Roland, du Pavillon et du Marché aux Fleurs, sont de très petits monuments; encore pour la plûpart le débit de l'eau est-il si maigre, que, malgré leur caractère de petitesse, il n'y a pas d'harmonie entre le corps et l'ame.

La Fontaine du Cours-Masson et celle de la Caserne ont été réduites à de simples jets continus.

Tout le monde est à regretter l'inaction de la fontaine de la place Napoléon; sa position à l'entrée de la ville, en face du Cours, ajouterait au nouveau charme à cette admirable promenade. Son caractère grandiose ne s'accorde pas avec le terrain sur lequel elle est élevée; le large diamètre de ses bassins entraîne une grande hauteur, et le rapprochement de son sommet du plan de l'eau dans le château-d'eau. Quand le niveau dans celui-ci descend de 1,80 au-dessous du point culminant, l'écoulement cesse.

Les pierres qui forment le périmètre des bassins sont fortement endommagées par la gelée, la plûpart sont à remplacer. Cette circonstance, jointe à la considération précédente, nous engage à conseiller la démolition complète de cet ouvrage et son remplacement par une belle gerbe d'eau jaillissante. La surface du nouveau récipient aurait 63,58 ou 1,60 de diamètre en plus que le plus grand bassin. L'entourage des bornes reliées deux à deux par des chaînes resterait; le trop plein alimenterait encore l'abreuvoir de l'octroi et la fontaine des Commards.

Le jet serait simple ou à gerbe facultativement; dans ce dernier cas, son débit serait à 0m = 008 à la minute, et la puissance de notre nouvelle roue étant bien au-dessus des nécessités du service, on pourra sans peine augmenter le produit des pompes. Un tuyau en plomb dériverait du conduit ordinaire une certaine quantité de l'eau pour le jet vertical, et le reste serait amené aux ajutages inclinés. Deux robinets logés sous le même regard permettraient de faire jaillir le filet vertical ou la gerbe simultanément ou alternativement.

On nous a objecté que pendant les grands vents l'eau serait poussée en-dehors des récipients et gênerait la circulation; nous répondrons que dans ce cas le côté de la place au-dessus du vent sera toujours suffisant à la circulation la plus active; et, d'ailleurs, cet ouvrage étant sans cesse sous les yeux du gardien de la promenade, ce fonctionnaire réglera les jets selon les exigences du temps ou les besoins du moment.

La platine sera percée de neuf orifices, un au centre et huit à la circonférence. Celui du milieu, pratiqué en minces parois, sera plus fort que les autres; nous lui affecterons 0 m 0014, il montera à 8,00 m environ. Les jets inclinés formeront en tombant une surface paraboloïdale moins élevée de 1,50 que le jet du centre, chacun d'eux laissera écouler 0,000825 à la seconde. Le diamètre sera donné par :

$$Q = \pi' M D^2 \sqrt{2 g H}.$$

$D = 0{,}0147$. $M = 0{,}62$.

Nous ne porterons l'amplitude des jets inclinés qu'à 2,50.

E représentant la plus grande élévation $= 6{,}50$.
A l'amplitude $= 2{,}50$.
N le coëfficient de la vitesse pour l'ajutage composé $= 0{,}97$.

Correspondant à un angle de convergence de 18° 10'. (18 degrés 10 minutes).

H' la hauteur du jet $= H - 0{,}01\ H^2 = 8{,}19$.

Soit $H' = 8{,}00$.

I l'angle d'inclinaison des ajutages.

L'équation de la parabole décrite par un jet incliné sera donnée par,

$$Y = X \text{ tang. } I - \frac{X^2}{4 N^2 H \cos^2,}$$ (Mécanique de Poisson).

Pour $Y = V\ X = 2\ N^2 H \sin.\ 2\ I$.

Et la plus grande ordonnée de la parabole par,

$$E = N^2 H \sin^2.\ I.$$ (Ce qui veut dire sinus carré).

Remplaçant les lettres par leur valeur,

$6{,}50 = 7{,}52 \sin^2.\ I$.

$I = 69°$ en nombre exact.

Le diamètre serait $D = 0$ m. 0088.

De petits cylindres de bronze seront vissés sur la souche, selon l'inclinaison et avec la forme déterminées.

Le fond du bassin sera fait en dalles, reposant elles mêmes sur un massif de béton. La taille du pourtour aura une saillie de 0,25 sur le sol. Un trou d'homme et une bouche à clé seront réservés au droit de la conduite en dehors de la construction.

La borne-fontaine sera reportée au près de l'octroi; alimentée par le grand volume d'eau du trop plein, elle approvisionnera beaucoup plus convenablement l'abreuvoir et la fontaine des Commards.

Les vasques et les bassins supprimés ne seront pas abandonnés; nous leur donnerons une autre destination. Ces énormes cuves, sans objet aujourd'hui, disparaissent seulement. Le dommage ne sera pas grand, puisque les matériaux qui les composent sont fortement attaqués par la gelée.

On pourrait rendre sans peine à la fontaine du Pavillon son caractère primitif, en rétablissant en haut l'écoulement en nappe ellypsoïdale.

A Paris, les bornes-fontaines ont pour destination principale d'arroser les rues. On les ouvre trois heures par journées, de six à sept heures du matin, de midi à une heure, et de six heures à sept du soir. La bouche, placée au point culminant d'une rue, répand son eau sur les deux versants, chaque versant reçoit au moins 3,75 pouces de fontainier par heure. Après avoir servi à la surface, cette eau descend dans les égoûts et les débarrasse des eaux ménagères ou d'autres produits méphytiques, dont la stagnation rendrait insupportable le séjour des quartiers populeux. Cette admirable coordination est certainement l'accessoire le plus utile à la salubrité d'une ville, et ces humbles travaux enfouis sous le sol, ignorés de la plùpart, rendent plus de service à la santé publique que toutes les abstractions de la science.

A Dole, cette partie de l'administration a toujours été déplorablement négligée; soit impéritie, soit incurie, les données d'ensemble manquent complètement à ce sujet,

Il faudrait tracer sur le plan général de la ville les artères d'égoûts qui existent, et relater sur un tableau annexé à ce document toutes les circonstances de la construction, indiquer à l'encre de couleur les rapports projetés entre les divers tronçons, harmoniser le système avec l'écoulement des eaux de la distribution et les besoins des quartiers traversés. Sur ce cannevas, on bâtirait un projet d'ensemble, et selon ses ressources, la ville pourrait exécuter partiellement ce travail. Avec le temps, elle doterait la cité d'un réseau d'égoûts qui débarrasseraient à chaque instant les rues et les maisons voisines des immondices empestés.

Les bornes-fontaines à Dole sont en grande partie affectées aux puisages; deux seulement sont continues, celle de la rue Attiret et celle de la rue Vieille-Boucherie. Mais les fontaines monumentales, plus pauvres en débit, pour la plupart, que les bornes-fontaines de Paris, sont réduites aux humbles effets de celles-ci. Trois d'entr'elles, celle de la rue des Commards, du Plafond et des Tanneurs, sont à écoulement continu, mais alimentées par le trop plein, l'une de la borne de la place Napoléon, les deux autres par le jet de la Grande Place. Le reste, situé rue du Repos, rue Dusillet, rue de l'Orveau, rue Niqueney, rue St.-Georges, rue Bouvier, rue St.-Jacques, en bas et en haut de la rue Maillard, et rue de la Prison, sont à repoussoir, c'est-à-dire qu'il faut presser sur un petit appendice, et le maintenir à la main pour obtenir l'écoulement.

Il arrive que pour s'épargner la peine de soulever la soupape pendant tout le temps du remplissage, les consommateurs attachent la manette et négligent naturellement de la remettre au repos en partant. Il serait possible de prévenir cet abus en adoptant pour chaque borne un réservoir à double soupape, tel qu'il fût nécessaire de donner autant de coups de repoussoir que de seaux à extraire, en d'autres termes, qu'au bout d'un certain volume, l'appareil s'arrêtât malgré la position de la manette.

Nous avons été frappé du faible produit des fontaines en présence d'une machine hydraulique puissante, fournissant un volume d'eau assez considérable. Nous nous sommes assuré que toute l'eau foulée par la pompe allait bien aux différents orifices sans perte dans les conduites. Il devenait facile d'établir la différence entre le produit et le débit public. Un calcul tout élémentaire nous donnait le volume des coups de piston, et un jaugeage direct celui de l'eau des bouches.

Nous avons été aidé avec intelligence dans cette opération par M. Lenevaître, fondeur-mécanicien, chargé de l'entretien de tout le système.

Pour mieux apprécier l'influence de l'absorption des établissements industriels concessionnaires, notre expérience a été faite pendant la matinée d'un jour ouvrable.

	Litres.
La fontaine de la place Napoléon nous a donné à la minute	15 25
Id. *Id.* République . . .	39 13
Id. *Id.* Sous-Préfecture. . .	6 81
Fontaine Ratez, ...	6 34
Id. Du Mont-Roland, ...	5 59
Id. Du Pavillon, ...	4 55
Id. Cours-Masson, , ...	10 00
Id. Porte de la Caserne, ...	7 82
Id. Marché aux Fleurs, ...	10 47
En tout pour les fontaines dites monumentales,	105 96
Il faut ajouter le produit de la borne de la rue Attiret, ...	15 00
Id. Rue Vieille-Boucherie, ...	8 49
	129 45

Il était difficile de constater le débit des fontaines intermittentes, au nombre de neuf seulement; celle de la rue du Repos était hors de service le jour de l'expérience. Mais en procédant hypothétiquement dans de larges limites, nous tirerons de nos conclusions un chiffre minimum qui laissera entières nos allégations. Chaque fontaine alternative donne au plus 10 litres à la minute. Supposons que la somme d'écoulement soit équivalente à 10 heures par journée, ou en somme 90 litres à la minute, la pompe à double effet étant bien construite et bien entretenue, donnera avec les dimensions suivantes,

D = 0,25.

L La course du piston, = 0,50

D Le diamètre de la tige, = 0,06

N Le nombre de coups étant de 14,75 à la minute = 14,75.

Le volume total engendré est

$2\pi R^2 L \times 14{,}75$	= 722 25
En déduisant le volume de la tige	= 19 84
On obtient un total de . .	702 91

L'*effet utile* ou le rapport entre le volume engendré par le piston et l'eau donnée étant de 0,90, qu'il resterait encore 0,90 × 702,91 = 632,36 ou 632 litres à la minute.

Notre jaugeage direct a accusé au plus 219 litres, donc les concessions absorbent 632 — 219 = 413 litres.

Nous avons reconnu par une observation directe au château-d'eau, que ce nombre pourrait être porté à 480 !

L'accroissement de vîtesse à la sortie des bouches est sensible le soir et les jours fériés quand les concessionnaires industriels ferment leurs ateliers.

La conduite maîtresse, saignée dans tout son parcours, ne porte pas dans le jour les eaux jusqu'au réservoir, pendant la nuit il reçoit le surplus du produit de la machine sur le débit des fontaines ; le matin venu, le régime est de nouveau troublé.

Ainsi un grand établissement public d'une utilité capitale a été distrait de son but au profit d'intérêts particuliers !

Nous ne prétendons pas proscrire les concessions; avec les avantages de puissance dynamique que possède la ville, elle peut fort bien faire face aux dépenses de cette administration, et même accroître ses ressources en accordant aux particuliers l'excédant du service public; mais il est indispensable de réglementer ces concessions, en donnant à chacun une part de charge proportionnelle à sa consommation présumée.

Le mode actuel est arbitraire, il ne s'appuie sur aucune base fixe, il n'a pas d'unité de mesure, il impose sans règles une certaine somme à l'abonné, et le gratifie d'un branchement dont il use, ou plutôt dont il abuse à discrétion.

Dans une délibération du 8 août 1836, le Conseil municipal a arrêté les conditions suivantes :

« Article premier. La durée de chaque concession d'eau « sera de cinq ans.

« Art. II. Si un an avant l'expiration de la cinquième « année le concessionnaire ne fait pas connaître à l'admi- « nistration municipale qu'il renonce à sa jouissance, elle lui « sera continuée aux mêmes clauses, charges et conditions « pour cinq nouvelles années, sans que les continuations « successives puissent excéder un laps de vingt-cinq ans. »

La ville accorde à son fermier la faculté de résilier son bail au bout d'un certain temps, sans conserver les mêmes prérogatives pour elle. Cette générosité, par trop paterne, l'immobilise dans un système très vicieux.

« Art. III. Chaque propriétaire prendra par un robi- « net la *quantité d'eau qui lui sera nécessaire* pour les be- « soins de sa maison. »

Cette prise d'eau par un robinet est une condition trop élastique; heureusement qne les nombres relatifs aux besoins d'une maison sont bien déterminés. Nous les indiquerons plus loin.

Personne, il nous semble, ne doit se prévaloir de son

et l'expérience de ses ingénieurs, nous donnent toute garantie dans leurs moyens d'actions.

On ne peut pas exiger de chaque abonné un réservoir particulier contenant sa dépense quotidienne ; ce moyen serait le plus sûr d'éviter la fraude, mais malheureusement le plus impraticable. Si la charge restait toujours constante avec un orifice toujours le même, on obtiendrait un écoulement constant ; mais cette charge peut être variable, et l'approximation laissant trop à désirer, il faudrait recourir à un régulateur plus ou moins exact.

Les abonnements les plus sûrs sont réglés par estimation, c'est-à-dire à forfait, sur le chiffre présumé de la consommation.

A Paris, le prix est fixé à 1,000 fr. par an pour une délivrance journalière de 20 kilolitres, ou à 50 fr. pour la fourniture, pendant un an, d'un kilolitre par jour.

On étudie donc avec soin toutes les variations du travail de chaque industrie ; on en balance les intermittences ou recrudescences périodiques ; s'il le faut, on suit les opérations, mais le plus souvent on juge par analogie.

Du reste, dans ces marchés, on suppose les stipulations de bonne foi ; on se réserve, le cas échéant, des dommages-intérêts considérables ; enfin le garde des fontaines, ou tout autre agent assermenté au service de la ville, empêche ou réprime les abus.

A Dole, le marché serait passé par l'architecte-voyer ; il contiendrait 1° l'arrêté réglementaire qui servirait de cahier des charges.

2° La soumission de l'abonné, la quantité d'eau à prendre, la destination de ces eaux, le prix à payer annuellement.

3° L'abonné paierait l'enregistrement.

4° La dépense des frais d'établissement de sa conduite.

Cette dépense première est ordinairement la chose qui effraie le plus le preneur.

La ville, dans l'intérêt de ses fermiers, mettrait en adjudication, au rabais, un bordereau du prix dressé par elle; le soumissionnaire exécuterait aux frais de l'abonné et sur des prix réduits.

A Paris, une prise-d'eau sur une conduite posée en terre avec une longueur de tuyaux de plomb de 25 m 00, y compris robinet d'arrêt et bouche à clé, coûte . . 88 50

La prise-d'eau sur une conduite posée sous galerie dans les circonstances précédentes, . . 126 50

Dépense par mètre d'un tuyau en plomb de 0,027 de diamètre, pavage compris, . . . 10 50

Dépense d'eau par jour pour les abonnements domestiques :

	litres.
Par personne, ...	20
Par cheval, ...	75
Par voiture de luxe à deux roues, . . .	40
Id. *id.* à quatre roues, . . .	75
Par mètre carré de jardin, ...	1 50

Le prix d'abonnement des eaux ménagères ne sera que de 20 fr.; la dépense relative aux chevaux et aux voitures s'ajoutera toujours à cette somme. C'est d'après les nombres précédents qu'on arrêtera le volume de la fourniture, en ayant égard aux locataires si le jet se trouve dans une cour commune.

Nous allons rapporter quelques chiffres relatifs à diverses industries, établis d'après l'expérience, mais variables selon l'importance des industries de même espèce. Ces nombres ne sont pas absolus, c'est par l'observation qu'on les appropriera définitivement aux établissements qu'ils concernent.

DÉSIGNATION.	Quantité d'eau consommée par jour et par établissement.			
	Minimum.	Maximum.	Moyenne en kilolitr.	
Maison de santé.	»	»	1 66	
Sangsues. . . .	»	»	»	
Eaux minérales.	»	»	»	
Hôtels.	»	»	1 00	
Boulangerie. .			1 50	
Restaurants. . / Cafés. . . . . / Eaux gazeuses.	»	»	»	Selon l'importance des établissements.
Fabrique de bougies.	»	»	2 50	En comptant la consommation du générateur de vapeur.
Usages domestiques et jets d'eau. . . .	»	»	4 00	Selon le diamètre et la hauteur du jet.
Bains.	»	»	9 00	Ensemble à 300 litres par bain pour un seul des établissements principaux.
Fabrique de bleu.	»	»	2 00	
Brasseries. . . .	»	»	3 50	
Poste aux chevaux.	»	»	5 00	
Hôpitaux, maisons de charité, collége, prison.	»	»	»	Réglé d'après le nombre maximum des individus que devront contenir ces établissements.
Casernes, manutention des vivres, gendarmerie, etc. .	»	»	»	Selon l'importance de la garnison, en prenant toujours pour point de départ les nombres fixes par tête d'homme et de cheval.

Cette méthode assurerait la régularité du service. L'administration se garantirait de la fraude par tous les moyens de surveillance à sa disposition, en outre qu'elle fera déterminer, par les données de la science, les éléments d'une conduite affermée connaissant l'ordonnée du nivellement, la position de la conduite piquée relativement à la conduite-mère ; son agent calculera la section et les orifices d'écoulement, de manière à ne pas trop dépasser le débit fixé. Le robinet de jauge dans les établissements à dépense variable sera manœuvré sous la direction de cet agent selon les circonstances, telles qu'un changement de garnison ou un accroissement extraordinaire dans le personnel des établissements publics.

Des bouches à clé, exclusivement réservées à l'employé ou garde des fontaines, seront placées dans la rue au droit de chaque maison concessionnaire ; le preneur pourra arrêter ou ralentir son débit s'il le juge convenable, mais jamais il ne l'augmentera. Qu'il y aurait loin des chiffres proportionnés et équitables de notre méthode aux sommes arbitraires et iniques imposées sans règle, au grand préjudice des consommateurs ordinaires et du budget de la ville !

Nous avons déjà parlé au commencement de ce mémoire de la nécessité d'un plan d'ensemble résumant toutes les circonstances de la distribution, portant la cote de nivellement de toutes les bouches par rapport à un plan fixe. Les considérations précédentes font ressortir la nécessité de cette pièce. Nous ne saurions assez engager l'administration municipale, trop peu éclairée sur la matière pour prendre l'initiative, à faire ajouter ce document aux archives du service des eaux; il faudrait y joindre un registre-tableau de distribution publique et un autre de distribution privée, ainsi qu'il est établi dans le tableau suivant :

Nos D'ORDRE.	LIEUX DES PRISES D'EAU.	NOMS DES ABONNÉS.	DATE de l'arrêté de l'abont	DATE de la mise en jouissa•	USAGE DES EAUX.	Quantité à délivrer.	Prix annuel de l'abonnemt	CARACTÈRE STATISTIQUE DE CHAQUE DISTRIBUTION.
1	Rue Vieux-Château.	Hussonmorel. .	»	»	Usage domeste.	»	20 »	Ménagère.
2	— des Arènes. . .	Auburtin. . .	»	»	Poste aux chexe.	3,00	150 »	Industrielle.
3	— Id. . .	Cottez. . . .	»	»	Usage domeste.	»	27 50	Ménagère.
4	— St.-Jacques. .	Boilley. . . .	»	»	Fabre de bleu.	3,20	160 »	Industrielle.
5	Grande-Rue. . . .	Maür.	»	»	Pharmacie. . .	»	27 »	Id.
6	Chemin de Landon.	Jourdy. . . .	»	»	Fabe de bougies	2,50	125 »	Id.
7	Rue des Arènes. . .	Id.	»	»	Bains.	6	300 »	Id.
	etc.	etc.						
		CONCESSIONS GRATUITES.						
	Rue des Arènes . .	Les Frères. .	»	»	Usage domeste.			Ménagère.
	— Vieux-Château.	— Aliénés. .	»	»				Hygiénique.
	etc.	etc.						

Les nos 2, 3, 4, 5, etc., ne donnent aujourd'hui que 50, 20, 50, 30, 150.

La ville devrait retirer quelques bénéfices du produit de

sa machine, au lieu de solder cette partie du budget par une perte de 1,900—1,020=880.

Cet inconvénient tient d'un côté à la taxe trop faible des concessions industrielles, de l'autre aux frais considérables d'entretien de l'équipage. Il serait facile, en supposant que tous les baux fussent maintenus, de trouver le nouveau chiffre des recettes d'après nos données. Quant aux charges de l'entretien, nous pouvons les réduire de 400 ou 500 fr. par an avec notre nouvel appareil.

La ville de Dole a un certain nombre de faubourgs qui comptent dans sa population ; la zône d'octroi les comprend dans son enceinte, et toutes les charges leur incombent également ; leur part aux dotations municipales semble donc naturelle. (*)

Les uns, comme les Bruyères, Landon, le Poiset, le Bizard, le Boichot, sont trop éloignés ou trop peu importants pour recevoir le gaz de l'éclairage ou l'eau des fontaines. Une partie des Commards et de la Bedugue est éclairée, mais ni l'un ni l'autre ne jouit de la distribution mécanique des eaux. On voit cependant une borne-fontaine à l'angle de la Grande Rue des Commards, auprès de la maison de Valdahon. Ce faubourg s'approvisionne facilement par des puits ; sa position topographique rend leur forage facile et peu coûteux ; la plupart des jardins aboutissent sur le contre-fossé du canal, et sont arrosés sans peine.

Mais la Bedugue est élevée de 30 mètres au-dessus du Doubs ; son niveau et sa constitution géologique rendent l'usage des puits très difficile, sinon impraticable ; son rapprochement de la machine et sa population de 900 à 1,000

(*) Un arrêté du Conseil a mis ces faubourgs en-dehors de la ligne d'octroi. Cette décision est-elle définitive? C'est dans la conjecture du prochain rétablissement de l'ancien ordre de choses que nous discutons.

habitants, la mettent en position de participer aux munificences de la métropole; aussi réclame-t-elle contre ces prérogatives, qu'elle appelle un exception au droit commun. Elle demande hautement une scission, c'est-à-dire l'affaiblissement politique et géographique de la ville, prétendant que tous les avantages sociaux sont d'un côté, les charges, les souffrances et une humble servitude de l'autre. Nous avons étudié les moyens d'apaiser ces justes récriminations jusqu'à concurrence des ressources du budget.

Nos données sont sommaires; l'étude approfondie des détails de l'exécution serait longue et assez pénible. Il importe seulement aujourd'hui d'indiquer le chiffre des résultats que nous assumerons sous notre responsabilité en temps opportun.

L'état des finances de la ville s'oppose péremptoirement à la réalisation de nos idées; mais si les établissements industriels, tels que brasseries, maison de santé, auberges, et les nombreux jardiniers de cette localité consentaient à un abonnement, et que d'autres consommateurs se soumissent à une légère redevance avec laquelle on pût parfaire un capital d'amortissement, nous nous chargerions de construire à forfait un travail si éminemment utile aux intérêts matériels et moraux de cette partie de la cité.

L'accroissement de puissance que ce nouveau service réclamait de notre moteur, passerait insensible dans les frais de construction de la machine proposée.

Afin de prévenir l'affaiblissement du débit des fontaines publiques par les saignées des concessions, nous établirons nos calculs à l'abri de toute éventualité sur le prix de 100 litres par jour et par habitant, soit 90 m cubes par vingt-quatre heures. Cet excès de produit n'entraînera qu'une légère augmentation de volume du récepteur, et les exigences de la navigation ou les besoins des usines seront toujours largement satisfaits.

Le point culminant est à 640 m de la tête du pont (rive gauche), vis-à-vis la maison Courvoisier, et à 30 m au-dessus du niveau du Doubs ; sa distance de la machine est environ de 800 m 00.

D'après les règles que nous nous sommes imposées, la dépense doit être accrue de la moitié ou portée à 1^l 56 par seconde.

Les formules de l'écoulement permanent des fluides dans les conduites, indiquent qu'un diamètre de 0,075 et une vîtesse de 0,30 à 0,35 satisferait aux conditions précédentes.

On trouve encore, avec la formule dejà employée,

$$\pi = 0{,}08264 \frac{Q^2}{D^4} + 0{,}0022 \frac{L}{D^5} (Q^2 + 0{,}0432\, Q\, D^2)$$

que la perte de charge ou la résistance opposée par les parois est de 4,85, soit cette quantité égale à 6 à cause des coudes.

La puissance absolue de la machine pour ce service particulier doit donc être

de 1,56 × 30	=	46,80
et 1,56 × 6	=	9,36
En tout		56,16

56,16 *kilogrammètres*, c'est-à-dire moins que la force d'un cheval mécanique. Ainsi l'excès de travail à faire supporter à la machine motrice est négligeable relativement à la puissance disponible. En somme, la roue hydraulique devra vaincre une résistance de

		56,16
15 × 40	=	600,00
6 × 15	=	90,90
		747,06
7/24 de cette résistance pour les frottements de la machine,		218,00
Total,		964,16

ou $\frac{964{,}16}{75}$ = 12,85 chevaux, soit ce nombre pris égal à 13.

La hauteur de l'eau du puisard à la naissance de la voûte du château-d'eau est de 40 m selon l'indication de M. Cordier.

La conduite sera implantée dans le régulateur à air, comme celle de la ville; elle suivra le chemin qui conduit à la maison du garde des fontaines, à 0,40 au-dessous du sol, passera dans les ponts au pied des trottoirs ou à toute autre place convenue ultérieurement avec l'administration des ponts et chaussées. En face du roulage Gascon, à l'intersection des deux versants, nous placerons une cuve de 0,80 de diamètre, avec un robinet de vidange. L'accumulation des matières terreuses se ferait dans ce récipient; un chenal de fuite, adapté au tambour, servirait à vider la conduite dans la crainte de la gelée, ou pour toute autre cause. Le tuyau continuerait son ascension jusqu'au bout de la promenade, vis-à-vis de la maison Roy; là, il sortirait des vasques de la fontaine du Cours, réédifiés en cet endroit.

Un jet simple et élégant donnerait de la fraîcheur et de la vie à cette partie du faubourg. Au pied du monument, on réserverait une bouche pour les besoins du voisinage, le restant serait reçu dans un réservoir ou château-d'eau enfoui dans le sol au pied de la fontaine. Avec une surface de base de 32 m, et une hauteur de 1,20, sa capacité serait suffisante pour emmagasiner le volume nécessaire pendant les rares chômages de la machine; un robinet de vidange ouvrant sur l'un des côtés de la route, laisserait écouler l'eau pendant le nettoyage du récipient; des dalles assises sur un lit de béton de 0,30 d'épaisseur, garniraient l'aire du fond; les pieds-droits seraient en maçonnerie ordinaire avec parement en moëllons smillés; ils auraient à résister à la pression de l'eau et à la poussée de la voûte. La masse et la flèche de cet ouvrage étant déterminées, nous trouverions l'épaisseur des culées en traçant la courbe des pressions, ou, connaissant les joints de rupture qui seraient, dans ce cas, à la naissance, puisque la montée n'est que de 0,50 ou 1/8 de l'ouverture par la condition :

$$\frac{1}{2}\ \frac{A}{B} < \frac{\delta'}{\delta} \sin.$$

A masse de la voûte;

B *id.* d'un des pieds droits;

δ distance de l'arête de rotation de la culée à une perpendiculaire menée sur le milieu du joint de rupture, où on peut, sans erreur sensible, supposer que passe la résultante des efforts supposés par chaque point de cette ligne.

δ' La distance de la verticale passant par le centre de gravité de la masse à la même arête.

α L'angle formé par le joint de rupture et la verticale, en y joignant l'effort de l'eau, ou $\frac{\pi}{2} \overset{h^2}{=} \frac{1000(1,20)^2}{2}$ on aura la somme des pressions que doivent équilibrer les murs verticaux.

Les détails de ce travail sont implicitement résumés dans le dessin que nous joignons au mémoire. (*)

La conduite maîtresse de la Bedugue approvisionnera quatre bornes-fontaines pour les besoins du public, sans compter les abonnements. L'une des bouches sera à l'angle du jardin dit *les Buvettes,* du côté de la maison Rosset; l'autre dans la même rue, en face de la maison Vuillet; la troisième, avec abreuvoir, sur la route, à 40 m plus haut que l'auberge Déjeux; enfin la dernière au bout de la conduite, plus loin que la maison Roy.

Les appréhensions sur la résistance des murs du château-d'eau de la ville pouvant peser encore sur notre annexe, nous avons voulu le mettre en dehors du soupçon d'instabilité, en indiquant les conditions d'équilibre des pieds-droits.

La plus élevée de ces bornes sera encore à 1,60 plus bas que le fond du réservoir.

Comme il n'y a ni égoût, ni rue à laver dans cette partie de la ville, il serait inutile d'établir un écoulement permanent; toutes ces fontaines seront donc à repoussoir.

Nous avons déjà parlé des tuyaux en poterie et de leur emploi avantageux sous le rapport de l'économie; c'est encore avec ces matériaux, ou avec d'autres présentant les mêmes avantages, et au moins autant de garantie de durée, que nous formerons le réseau; seulement la partie comprise entre les culées des ponts serait en fonte à joints emboités.

Les conduites secondaires auront 0,053 de diamètre. Cette dimension est arbitraire, mais elle sera toujours un *maximum*. Nous sommes obligé d'adopter les nombres de la fabrique dont les produits n'ont pas de calibres indéfiniment variés.

La conduite secondaire portera de distance en distance des tubulures, sur lesquelles on pourra enter de petits tuyaux encore en poterie de 0,03 de diamètre. Ces subdivisions coûteront peu de frais d'établissement, et porteront à un prix réduit l'eau aux concessionnaires. Un robinet de jauge déterminera, selon la cote du nivellement et l'importance de l'abonnement, la quantité d'eau affermée.

Il nous reste à décrire la nouvelle machine, dont les fonctions doivent combler les lacunes que nous signalons dans ce mémoire.

Une bonne machine doit fournir les moyens d'obtenir une plus grande quantité d'utilité pour une moindre somme de frais, et l'avantage deviendra d'autant plus grand, que les organes seront moins exposés aux dérangements et les interruptions du service moins fréquentes. Assurer la continuité du roulement malgré les causes ordinaires d'arrêt, produire une plus grande quantité de travail pour une moindre dépense, et employer des matériaux durables, c'est donc satisfaire aux exigences impérieuses de l'économie industrielle.

De toutes les roues hydrauliques connues, celle qui remplirait le mieux ce but est la turbine ou roue horizontale. Presque tous ces moteurs jouissent de la propriété précieuse de rendre un effet à peu près proportionné à la chute disponible dans les hautes eaux, mais toutes les variétés du genre ne donnent pas un même *travail utile*. Les meilleures ont les roues verticales, l'avantage d'occuper peu de place, de présenter un faible volume pour une grande puissance, de pouvoir être la plupart du temps coulées d'un seul morceau, par conséquent sans joints d'assemblages et sans chances de dislocation. La masse à la circonférence du rayon de giration est peu importante, et le travail de l'inertie n'est pas à craindre. Elles peuvent marcher à des vîtesses très différentes de celle qui correspond au maximum d'*effet utile*. Cette roue prend donc, en général, le premier rang parmi les moteurs hydrauliques, et, dans le cas particulier de son application aux pompes de la ville, elle doit être, sans plus de commentaires, préférée à toutes les autres.

Parmi les turbines que les industriels intelligents s'empressent d'adopter, on distingue celles de M. Fontaine, de Chartres, et Kœchlein, de Mulhouse. Ces constructeurs ont plus ou moins heureusement arrangé le système qu'Euler a décrit dans ses Mémoires de l'académie royale des sciences de Berlin, en 1754, dont Borda et Segner ont essayé l'analyse, et que, beaucoup plus tard, M. Burdin, ingénieur des mines, a employé avec succès dans le midi de la France.

Les turbines centrifuges de M. Fourneyron ont eu beaucoup de retentissement; celles de MM. Callon et Gentilhomme, élèves de l'École centrale, portaient remède à quelques inconvénients du système, mais toutes ces machines coûtent fort cher et n'ont pas un effet constant pour des dépenses d'eau variables ; elles sont en contradiction avec les besoins des circonstances, puisque leur débit pour un même travail est d'autant plus grand que le bief est plus appauvri.

Ces moteurs seraient irréprochables, s'ils pouvaient conserver leurs avantages dans tous les cas; le problème de la perfection se présente donc naturellement sous cette face : Rechercher un arrangement d'organes qui conserve *un effet utile* constant pour des dépenses bien différentes. La discussion des théories de Poncelet, Belanger, Navier, etc., etc., jointes aux nombreux essais au frein dont nous avons été chargé au sujet de questions contentieuses, ou que nous avons tenté spontanément dans le but de rechercher et corriger ce que les formules de mécanique ont de trop abstrait ou de trop absolu, nous ont amené à la déverte de nouvelles relations entre les éléments divers de cette machine, et nous avons pu formuler en principes les conséquences de nos observations.

Nous avons reconnu dans la turbine à réaction d'Euler, à laquelle nous nous sommes arrêté, les relations entre les sections des orifices adducteurs et éducteurs, en tenant compte de leur coordination avec les autres données du problème au point de vue du plus grand *rendement*.

Nous avons trouvé une loi graphique des diverses inclinaisons d'aubes, relativement aux diverses chutes.

Nous sommes parvenu à réduire considérablement la perte de *puissance vive*, due au choc de l'introduction de l'eau dans la roue.

C'est d'après ces considérations que nous avons fait établir la belle turbine de 56 chevaux des moulins de Crissey, et, par une déception rare, le succès a dépassé notre attente. Les effets de cette machine sont véritablement remarquables;

la proximité de l'usine et la bienveillante complaisance du propriétaire permettent aux visiteurs l'examen détaillé de cette turbine et l'analyse de ses fonctions. La municipalité pourra elle-même vérifier, dans toutes les circonstances, la vérité de nos diverses allégations.

Nous allons rapporter sommairement les calculs qui nous ont conduit à la détermination des détails de la machine. Les longues et arides équations de mécanique n'intéresseraient que fort peu de monde, et nous conservons par devers nous certaines données qui nous sont particulières.

CALCUL DE LA TURBINE.

Nous savons, d'après ce qui précède, que la puissance nominale de la turbine devrait être de 13 chevaux ; portons-la à 20, les frais d'établissement seront à très peu près les mêmes, et nous resterons en garde contre les inondations.

On sait que les forces à deux chutes différentes varient comme la puissance 3/2 de leur hauteur. La chute primitive étant de 2,10, si elle est réduite à 1,00 en hautes eaux, l'observation précédente nous donne encore pour le travail de la roue :

$$20 : X :: h^{1,5} : h^{1,5} ::$$

$$X = 6,50 \text{ chevaux environ.}$$

Ainsi, dans les cas ordinaires où toutes les roues verticales seraient noyées, notre machine satisfera encore aux besoins ordinaires, et avec la réserve du château-d'eau, nous pouvons assurer *en tout temps* la permanence de la distribution.

La chute ordinaire est de 2 m, 10

V = la vîtesse de sortie de l'eau correspondante à cette chute	=	6,40
v = la vîtesse à la circonférence moyenne de la roue = 0,50 V	=	3,20

$u =$ vitesse d'introduction de l'eau dans la roue $= \sqrt{\frac{2gH}{n}}$

$\beta =$ angle d'une directrice »

$H =$ chute totale $= 2{,}10$

$h' =$ hauteur d'eau au-dessus de la roue, $= 1{,}82$

$h =$ hauteur de la turbine $= 0{,}28$

$\gamma =$ angle du dernier élément de l'aube réceptrice »

L'expression qui donne la vîtesse de sortie de l'eau W' en fonction de u, $\sin^2 \beta$ et h, ne répond pas exactement à $W'^2 = u^2 \sin^2 \beta + 2gh$. Nous l'avons déterminée rigougoureusement.

Soit pris l'effet utile E = seulement à 0,70 de la puissance absolue.

Q l'eau à dépenser en temps ordinaire sera trouvée par $0{,}70 \times QH = 13 \times 75 = 975$ kilogrammètres.

Q = 0m 663. A cause de F[ce] en chevaux = 20. Q = 1004.

K coëfficient de contraction pris d'après M. Morin = à 0,80

L'épaisseur d'une aube sera à peu près 0,04 de la distance entre deux voisines.

d étant la distance d'une aube à la suivante, l'espace libre sera représenté par :

$$n\,d - 0{,}04\,n\,d = n\,d\,(1 - 0{,}04) = 0{,}96\,n\,d.$$

$d \sin \gamma$, sera la plus courte distance entre deux aubes.

l, étant l'intervalle entre deux tourteaux.

La section d'écoulement devra satisfaire à la condition.

$$Q = 0{,}96\,K\,2\pi\,r \sin \gamma\, l\, W'$$

r rayon moyen cherché.

On admet en pratique $l = 0{,}38\,r$.

Substituant et dégageant l'inconnue, il vient :

$$r = \sqrt{\frac{Q}{2\pi . 0{,}96 . K . \sin\gamma . 0{,}38\, W'}}$$

r = 0,70 en nombre rond.

$R = \frac{r}{0,84} = 0,83$

$R' = 0,57$

$l = 0,26$

n nombre d'aubes $= \frac{2\pi r}{0,12} = 36$

N nombre de tours $= \frac{3.20.60}{2\pi r} = 45$ tours.

Les interruptions momentanées du service qui viennent troubler les habitudes de la cité, et exciter le juste mécontentement des classes laborieuses si faciles à irriter, doivent disparaître avec les éléments précédents.

La pompe à double effet, construite par M. Cordier, est bien combinée; elle se compose d'un corps de pompe ouvert aux deux bouts, et fixé au centre d'un autre cylindre concentrique qui porte latéralement les boites des soupapes. Le fond est exactement fermé, et dans le haut un stuffing-box maintient, étanche le passage de la tige. D'un côté des boites est le tuyau d'aspiration, de l'autre le tuyau d'expulsion.

Le piston est formé de deux rondelles en fort cuir embouti, présentant la forme de deux godets placés inversement et fixés entr'eux par deux disques de fonte à bords aussi légèrement relevés. Cette machine est bien entendue et bien exécutée, mais elle est compliquée comme le sont toutes les pompes à double effet. Le piston en cuir exige d'assez fréquents changements de garnitures, et pour la moindre réparation il faut arrêter tout l'équipage. Ne semble-t-il pas plus rationnel de porter le travail sur deux pompes indépendantes, dont l'une pourrait à peu près suppléer l'autre? Nous proposons donc le remplacement de la pompe actuelle par deux autres foulantes à piston plongeur; nous obtiendrons plus d'eau en évitant les inconvénients du cuir. L'entretien se bornera au changement des étoupes de la garniture, et la propriété de pouvoir mettre en marche

Le pignon conique donnera à droite et à gauche le mouvement aux pompes. Les frottements des arbres horizontaux se feront dans de forts paliers courbés en-dessous, selon une forme parabolique et évidés dans leur hauteur. Les extrémités de ces pièces terminées en creux, selon la forme convexe de la colonne, seront fortement boulonnées à celles-ci.

Deux autres pièces semblables et semblablement fixées, mais courbées selon un léger arc de cercle, porteront la douille ou glissière qui doit maintenir et diriger la tige. La bièle sera en fer à deux branches, avec chappe à chaque articulation.

La tige du piston, terminée par une sphère en acier, sera renfermée dans une sorte d'alvéole du même diamètre; une vis de serrage, placée au-dessous du piston, maintiendra l'adhérence ; un tampon ou regard, ménagé au bas du corps de pompe, permettra la visite de cette pièce.

Le bâtis se composera de six colonnes solidaires par un fort entablement.

Les pompes sont à simple effet ; le travail de l'aspiration est presque négligeable à côté de celui de la foulée. Il est nécessaire de s'emparer de la *puissance vive* développée dans la première période par le moteur, pour l'employer pendant l'ascension de la colonne vers le château-d'eau ; en un mot, il faut régulariser le mouvement par un *volant*. Sans cet organe, les engrenages éprouvant de fortes variations d'efforts, s'useraient promptement et pourraient même se briser.

La différence entre le travail de l'ascension et celui de la descente est environ de 500 kilogrammètres pour l'une des pompes ; la somme des deux courses se fait en 3″ (trois secondes) ; donc le travail à emmagasiner pendant une seconde et demie sera de 750 kilogrammètres.

Le poids d'un volant sera donné par la condition

$$\frac{P}{2} W^2 = 750$$

W vitesse moyenne de cette roue = 2,72

$$P = 1980$$

Si R = 1,30 et h = 0,18 hauteur de la jante.

l = 0,14, sa largeur, son poids sera de 1500 k^os en y ajoutant le moment d'inertie des bras, on obtiendra une régularité suffisante.

Cette pièce sera placée sur l'arbre de chaque manivelle.

Les tuyaux d'expulsion des pompes se réuniront en un seul, et leur produit commun sera envoyé au régulateur à air.

On élargira le canal d'arrivée du bief d'amont à l'emplacement de la turbine, pour former son cabinet d'eau.

Le fond sera aménagé de manière à présenter une assise au plancher du distributeur.

Le busc en maçonnerie laissera le passage au canal de fuite.

Au-dessus du busc et sur les bords du canal d'arrivée, au niveau du sol de foulée, on élèvera un mur parpaing qui encaissera l'ensemble du cabinet d'eau; un plancher en madriers de chêne règnera sur toute cette surface.

Une charpente de fond supportera la partie fixe de la turbine. En haut, les crics de vannes partielles seront attachés à la périphérie d'une balustrade en bois ou en fonte.

Cette machine est assez simple pour que les dessins la fassent comprendre sans une description plus longue. L'échelle de 0,03 par mètre ne permettant pas de faire ressortir les détails, nous nous réservons de les produire plus tard.

Toutes les pièces seront calculées avec les données sur la résistance des matériaux, en portant au décuple l'effort de chaque organe. Ces notions tenant particulièrement au domaine de l'application, nous ne voulons pas en charger ce mémoire déjà assez étendu.

EN RÉSUMÉ :

Les changements ou additions proposés consistent dans l'établissement d'une conduite directe et sans érogations de la machine au château-d'eau.

D'un filtre à clarifier et épurer les eaux d'arrivée.

Dans la suppression de la fontaine de la place Napoléon, que nous remplaçons par un jet vertical de 8 m 00 au moins de haut, et par six jets inclinés de 6,50 d'élévation.

Nous faisons ressortir tout l'arbitraire du mode de concession, et ses effets désastreux sur la consommation publique.

Nous donnons un réglement qui doit établir la proportionnalité entre la quantité de produits concédés et la somme de fermage payée.

Nous proposons la rédaction du plan de la ville, avec l'indication des conduites d'eau et des égoûts.

L'inscription des cotes de nivellement sur chaque borne; cette mesure sera également utile dans le pavage des rues.

Enfin nous avons étudié sommairement un projet de distribution des eaux de la machine au faubourg de la Bedugue ; nous y plaçons quatre bornes-fontaines et un réservoir surmonté des deux vasques de la fontaine Napoléon.

Nous remplaçons le mécanisme par un autre plus puissant, et la pompe à double effet par deux autres à piston plongeur ; nous donnerons 15 à 18 litres d'eau à la seconde, au lieu de 6 à 8.

Nous livrerons aux concessionnaires l'eau rigoureusement nécessaire *aux besoins de leur maison*, selon les conditions intervenues avec la ville et les chiffres reconnus suffisants par la pratique.

Les fontaines publiques fourniront plus du double de leur débit actuel.

Notre moteur fonctionnant sans cesse malgré l'état des eaux, est en dehors des causes ordinaires de chômage.

Les frais d'entretien de la machine seront réduits de 900 à 500 fr. La durée de l'équipage, sauf l'usure des frottements, deviendra indéfinie, puisque toutes les pièces sont en fer, fonte et cuivre, au lieu de subir l'influence destructive de l'atmosphère comme les pièces en bois d'une roue verticale.

Une roue hydraulique en bois coûtera 3,000 fr. au moins; sa durée sera au plus de huit ans; donc aux 900 fr. d'entretien il faut ajouter la dépréciation annuelle de 375 fr., ce qui porte réellement la somme de 900 fr. à 1275 fr.

DEVIS ESTIMATIF.

	fr.	c
Fourniture et posage de la conduite directe de la machine au château d'eau, ...	5,000	»
Filtre, ...	980	»
Bassin et jets d'eau en remplacement de la fontaine de la place Napoléon, travaux d'aménagements divers, ...	2,000	»
Pompes, transmission et bâtis, ...	9,000	»
Turbine, ...	6,000	»
Maçonnerie et bois, ...	970	»
TOTAL, ...	23,950	»

Bedugne.

Tranchée, tuyaux en fonte et autres accessoires divers, ...	4,995	»
Quatre bornes complètes, ...	1,200	»
Château-d'eau, ...	3,100	»
Travaux pour le posage du second bassin et des vasques de la fontaine de la place Napoléon supprimée, ...	1,200	»
TOTAL, ...	10,495	»

La roue construite par M. Cordier a été estimée 12,200 fr.; elle est depuis longtemps remplacée.

La pompe est comptée pour 10,000 fr. au devis remis à la ville; les nôtres ne sont estimées ensemble que 9,000 fr.

L'entretien est effectivement de 1,275 fr. par an; nous pouvons le prendre à forfait pour 500 fr. (*)

Le débit des fontaines publiques sera beaucoup plus abondant, et les concessionnaires plus régulièrement et plus convenablement servis.

Les divers travaux indiqués au tableau précédent peuvent être faits successivement dans la mesure des ressources du budget.

Ici se termine la tâche que nous nous étions imposée; sans autre mission que le désir de nous rendre utile, nous serons suffisamment récompensé par la certitude d'avoir éclairé l'administration dans la partie la plus délicate de sa tâche (**).

(*) Nous devons ajouter que cette somme est parfaitement employée par M. Lenevaître, chargé de l'entretien de la machine; grâce à son aptitude, et peut-être à ses sacrifices, le service est meilleur depuis la direction de ce mécanicien.

(**) Les dessins que comportent ce mémoire sont à part.

DOLE, DE L'IMPRIMERIE DE PILLOT.

www.ingramcontent.com/pod-product-compliance
Lightning Source LLC
LaVergne TN
LVHW050436160826
845677LV00002BA/723

9782329682297